Life is beautiful
for Saxophone Quartet

Score

16
Allegro ♩= 120 The eggs in the hat
p
mf
mf
mf
mf
p
p
20
3
3
23
3
3
mf

26
p
p
29
f
f
f
f
32
Beguine ♩ = 145 Cheer up Giosuè
mf
p
p
p

64
f
f
f
tr
69
74
meno mosso
mf
p
p
p

79
rit.
mf
3
Lento ♩ = 60
The train in the dark
pp
84
pp
pp
pp
pp
pp
pp
90
p
p
pp
pp
pp

109
pp
pp
pp
pp
Allegro ♩ = 120
Ostrich egg - Ethiopian dance
114
mf
mf
mf
p
mf
p
119
3
3
3
3
mf

158
Moderato ♩ = 70
rit.
Adagio ♩ = 65 We won
p
mf
p
162
167
mf
mf
mf
mf

Life is beautiful
for Saxophone Quartet
Soprano Sax
N. Piovani
Moderato
Adagio = 65
Goodmorning Princess
rit.
f
mf
f
Allegro = 120
The eggs in the hat
mf
p
mf
f
Beguine = 145
Cheer up Giosuè
mf
f

mf
meno mosso
rit.
mf
Lento ♩ = 60
The train in the dark
p
p
p
mp
mf
f
p
Allegro ♩ = 120
Ostrich egg - Ethiopian dance
pp
mf
f

128
133
138
f
144
f mf
150
mf
rubato
3
Moderato ♩ = 70
rit.
2
Adagio ♩ = 65
We won
p
156
162
168
mf
p
Grandioso ♩ = 65
173
rit.
f
178
rit.
pp

Life is beautiful
for Saxophone Quartet

meno mosso
rit.
Lento ♩ = 60 The train in the dark
Allegro ♩ = 120
Ostrich egg - Ethiopian dance

122
127
f
132
138
f
3
144
2
mf
150
rubato
3
Moderato ♩ = 70
155
rit.
rit.
3
Adagio ♩ = 65 We won
160
mf
165
mf
170
rit.
Grandioso ♩ = 65
174
f
179
rit.
pp

Life is beautiful
for Saxophone Quartet

Tenor Sax

N. Piovani

meno mosso
rit.
Lento ♩ = 60 The train in the dark
Allegro ♩ = 120 Ostrich egg - Ethiopian dance

121
126
131
137
141
146
151
rubato
156
rit.
Moderato ♩= 70
rit.
Adagio ♩= 65 We won
160
167
rit.
Grandioso ♩= 65
174
179
rit.

Life is beautiful
for Saxophone Quartet

62
67
73
meno mosso
p
79
rit.
Lento ♩ = 60 The train in the dark
pp
85
pp
91
pp
97
mp
103
mf
f
p
ff
pp
109
pp
114
Allegro ♩ = 120 Ostrich egg - Ethiopian dance
mf
p
120
126
f

132
137
f
3
3
f
141
146
f
p
151
rubato
156
rit.
Moderato = 70
rit.
Adagio = 65 We won
162
169
rit.
mf
p
174
Grandioso = 65
f
180
rit.
pp

www.ingramcontent.com/pod-product-compliance
Lightning Source LLC
Chambersburg PA
CBHW080823120726
48001CB00009B/2970